HSU「幸福論」シリーズ③

# ヒルティの語る幸福論

*Hilty Speaks on Happiness Theory*

大川隆法

*Ryuho Okawa*

# まえがき

幸福の科学大学の設立を構想するにあたって、産みの親である宗教法人で、研究すべき対象となるべき歴史上の人物に関して、事前に、宗教的アプローチによって幸福論のアウトラインを調査しておいた。内部的には公開し、出版もしていたが、文部科学省の公務員や、大学審議会のメンバーには簡単に入手できないため、「幸福論」の概要を知りたいという要請がなされた。

本来極めて重要な文献であって、対外的に一般公開すべき筋合いのものではないが、今回、ソクラテス、キリスト、ヒルティ、アラン、北条政子、孔子、ムハンマド、パウロの幸福論の八巻に分けて、一般書として公開する次第である。

これらは宗教側からのアプローチであるので、各種「幸福論」研究の手がかりとして大学側に提示し、更なる具体的な研究の出発点にするための本である。しかし、分かりやすい幸福論研究の実例としては、参考にするには十分であろう。

二〇一四年　八月十日

幸福《こうふく》の科学《かがく》グループ創始者兼総裁《そうししゃけんそうさい》

幸福《こうふく》の科学大学創立者《かがくだいがくそうりつしゃ》　大川隆法《おおかわりゅうほう》

# ヒルティの語る幸福論　目次

# ヒルティの語る幸福論



二〇一二年三月七日　カール・ヒルティの霊示《れいじ》
東京都・幸福の科学総合本部にて

「霊言現象《れいげんげんしょう》」とは、あの世の霊存在の言葉を語り下ろす現象のことをいう。これは高度な悟《さと》りを開いた者に特有のものであり、「霊媒現象《れいばいげんしょう》」（トランス状態になって意識を失い、霊が一方的にしゃべる現象）とは異なる。外国人霊の霊言の場合には、霊言現象を行う者の言語中枢《ちゅうすう》から、必要な言葉を選び出し、日本語で語ることも可能である。

なお、「霊言」は、あくまでも霊人の意見であり、幸福の科学グループとしての見解と矛盾《むじゅん》する内容を含《ふく》む場合がある点、付記しておきたい。

# ヒルティの語る幸福論

二〇一二年三月七日　カール・ヒルティの霊示《れいじ》
東京都・幸福の科学総合本部にて

カール・ヒルティ（一八三三～一九〇九）

スイスの思想家、法学者、政治家。「スイスの聖人《せいじん》（聖者）」などと言われる。スイスのザンクト・ガレン州ヴェルデンベルクに医師の子として生まれる。州立のギムナジウムを出たあと、ドイツのゲッティンゲン大学に入学、翌年、ハイデルベルク大学に移り、法律を学ぶ。卒業後、弁護士を開業、翌年、陸軍将校として法務に就《つ》く。一八五七年、ボン大学の国法学者の娘《むすめ》ヨハンナと結婚《けっこん》する。やがてベルン大学の正教授になり、国法学や国際法を講義する。後年、代議士に選出され、陸軍の裁判長にも就任した。一九〇九年、保養先のホテルにて心臓麻痺《まひ》のため帰天《きてん》。代表的著作に『幸福論』（全三巻）や『眠《ねむ》られぬ夜《よ》のために』（全二巻）がある。

〔質問者三名は、それぞれA・B・Cと表記〕

# 1　『幸福論』の著者ヒルティに訊《き》く

## 学生時代の終わりに精読した、ヒルティの『幸福論』

大川隆法　今日（二〇一二年三月七日）は、幸福の科学にとって、「宗教法人格取得二十一周年」に当たるので（説法《せっぽう》当時）、何か話をしたほうがよいと思って出てきました。

『太陽の法』（幸福の科学出版刊）に書いていますが、私の「大悟《たいご》」（一九八一年三月二十三日）の前、学生時代の終わりのほうに読んでいた本として、ヒルティの『幸福論』を挙げています。

『太陽の法』に書いた以外には、ほとんど言及《げんきゅう》していないので、ヒルティの『幸福論』を読んでいない方は多いかもしれませんが、このへんが気になってきています。

幸福の科学大学で「人間幸福学部」というものをつくることも考えているので、「思想の源流」ということで、多少、話ができないかと考えました。

（『幸福論』の三冊を手に取って）これは学生時代に大学の生協《せいきょう》で買った、岩波《いわなみ》文庫の『幸福論』です。「第一部」「第二部」「第三部」と三冊あるのですが、私にしては珍《めずら》しく、読むのにけっこう時間がかかっています。

書き込《こ》んである日付を見ると、それぞれ、「十一月三十日」「十二月十二日」「一月十日」となっていました。三冊を読むのに五十日ぐらいかけていますし、定規《じょうぎ》で線を引いて読んでいるので、かなり精読をしたらしく、それで影響《えいきょう》を受けたのだと思います。

当時、私は商社に就職しようとしていたのですが、友達からは、ずいぶん反対され、「間違《まちが》っている」と言われたので、「そうかなあ。間違っているかなあ」と、少しグラグラしていたところもありました。

そのため、ヒルティの『幸福論』を読んでいて、「確かに、こういう思想のようなものに惹《ひ》かれるなあ」と感じたのです。ヒルティには、キリスト教思想も入っているので、本書には、哲学《てつがく》でもあるけれども、宗教でもあるような思想が書かれています。こういうものを読んで惹かれたのですが、その後の自分の歩みを見れば、それが偶然《ぐうぜん》ではないことが分かります。

私には、実際、「思想家になりたいのだ」という気持ちがあったのだろうと思うのですが、結局、そういう就職先はなかったのです（笑）。何らかのかたちで、どこかを経由して思想家になるしか方法はなかったので、問題は、「どういうかたちで、それになるか」ということだったと思います。

「思想家になるまでの間に、勉強もしなければいけないし、社会経験も積まなくてはいけない」ということは分かっていたのですが、いったい、いかなる方法で到達《とうたつ》すればよいのか、その道はよく分からなかったのです。

## 「スイスの聖人《せいじん》」と言われているヒルティ

大川隆法　ヒルティは、私が、知らず知らずのうちに、けっこう影響を受けた人の一人ですが、「スイスの聖人《せいじん》」とか「スイスの哲人」とか言われています。

スイスに生まれ、ドイツのハイデルベルク大学の法学部を出て、最初は弁護士をやりました。それから、陸軍の法務官や裁判長にもなっています。また、本を書いてからだろうと思いますが、大学の教授にもなっていますし、晩年の二十年ぐらいで政治家にもなり、婦人参政権の取得などのために頑張《がんば》っています。

最後は、ジュネーブ湖（フランス語名はレマン湖）という、スイスの有名な湖のほとりのホテルで亡《な》くなりました。そこで静養し、読書や執筆《しっぴつ》、娘《むすめ》と散歩などをしていたのですが、散歩から帰ってきて休んでいるうちに、大往生《だいおうじょう》を遂《と》げたのです。

今から百年ほど前の一九〇九年に、数えで七十七歳《さい》（満七十六歳）という、勝海舟《かつかいしゅう》と同じぐらいの年齢《ねんれい》で亡くなっています。

## ヒルティの「教養とは何か」や「仕事の上手な仕方」に啓発《けいはつ》された

大川隆法　私がヒルティから啓発《けいはつ》されたところは、ずいぶんありました。

その一つに、『幸福論』という考え方があります。『幸福論』を書いた人は、ほかにもたくさんいますが、これの考え方も一つあるのです。

また、「教養とは何か」ということ、すなわち、「『いろいろな教養を持っている』とは、どういうことか」ということを教えてくれた人でもありました。

それから、有名なのは、彼の『幸福論』が仕事論から始まってきていることです。

『幸福論』の第一部は「仕事の上手な仕方」から始まっていて、非常に〝珍しい幸福論〟なのですが、確かに、幸福を求めるとしたら、仕事の上手な仕方も大事であり、「よくぞ言ったり」というところです。仕事の上手な仕方を知っていることが、幸福論につながるわけです。

これは、通常、思想家があまり言わないことなのですが、ヒルティは、実務家でもあったために、こういうことを言ったのでしょうし、その秘訣《ひけつ》を自分で体得していたから、教えたかったのだろうと思います。

彼は、弁護士や裁判官の仕事をしたり、大学教授や政治家をしたりしながら、著作を行ってきた方ですので、そうとう忙《いそが》しい仕事のなかで、思想書をいろいろと書いていき、全集もあるぐらいですから、上手な仕事の仕方を知らなければ、そういうことはできなかっただろうと思われます。それを教えてくれています。

つまり、そこには幸福論につながるものがあるということです。

このように、私も、知らず知らずのうちに、彼の影響をそうとう受けていると思います。

この人は「習慣の力」を非常に重視し、「上手に仕事をする習慣を身につけなければ大成しない」ということを、繰《く》り返し言っています。

それから、「晴れであろうが、曇《くも》りであろうが、雪であろうが、風であろうが、雨であろうが、関係なく、そういう言い訳をしないで、とにかく仕事を継《けい》続《ぞく》していくことの大切さ」や、「仕事に取りかかるのは難しいので、最初の一《ひと》鍬《くわ》を打つ、その取りかかり方が大事だ」ということを述べています。

これを『幸福論』の初《しょ》っ端《ぱな》で打ち込んできているので、これは、意外に、この人が「重要だ」と考えたことだと思いますし、自分が成功した秘訣でもあったのではないかと思うのです。

ヒルティと同じような生活をしていても、彼のように思想家として名を遺《のこ》す人は数が少ないし、彼は「スイスの聖人」と言われていますが、スイス出身の人で似たような人はほとんどいないので、やはり傑出《けっしゅつ》した方であったと思うのです。

そのヒルティが、「自分の成功の大部分は、生活習慣や仕事の仕方によるものだ」と言っているわけですが、これは、プラグマティックな視点から見て、非常に大事なことだと思います。

私も、「何か仕事をし、いちおう生業《なりわい》を立てながら、勉強して、何か思想的なものをつくれないか」ということを考えてはいましたし、彼の『幸福論』を読んで四年後か五年後ぐらいには、自分の本を出し始めているので、時間の使い方その他で影響を受けたのではないかと思っています。

それから、そうとうな教養人で、幅広《はばひろ》く、いろいろな勉強をしているところは、大したものだと思います。

## キリスト教の神髄《しんずい》を「復活の思想」と見抜《みぬ》いたヒルティ

大川隆法　ヒルティの『幸福論』を読んで、私は、キリスト教が分かったような気になりました。『聖書《せいしょ》』などを読んでも、まだ、もうひとつ分かり切らなかったのですが、ヒルティを読んでキリスト教が分かったように感じたのです。

ヒルティは、「とにかくキリスト教は復活の思想なのだ。この復活の思想がもし嘘《うそ》だったら、キリスト教は、丸ごと全部、駄目《だめ》になるのだ」というようなことを力説しています。

「キリストの復活を目撃《もくげき》した人は、『聖書』に載《の》っているだけでも、五百人以上いるのだ。これがもし嘘だったら、キリスト教は、そもそも成り立たないのだ」というようなことを、彼は強調しているのですが、これが、とても印象的でした。

私は、イエスの生涯《しょうがい》を、いろいろなかたちで読みました。イエスは、三年間の伝道で、よいことを言っていますし、病気治しもしていますが、病気治しをするぐらいの人はたくさんいるので、「これだけで『救世主』や『世界宗教』と言うのは、どうなのだろうか」という感じが残ってはいたのです。しかし、ヒルティは「復活思想なのだ」ということで、その答えを出していたわけです。

彼は、「五百人以上、イエスの復活の目撃者がいた。イエスが、『罪人《ざいにん》と共に十字架《じゅうじか》で死んだ』ということだけで終わっていたら、世界宗教は成り立っていないのだ。復活という、神の奇跡《きせき》があり、それで世界宗教になったのだ。この奇跡がなければ、ただ死んだだけで終わってしまうので、世界宗教まで行くのは無理だ」というようなことを言っているのです。

この世的に見て、「パウロの伝道力がすごかった」「パウロは国際人だった」「パウロはローマの市民権を持っていた」などと言う人もいるのですが、「いや、復活の思想だ」ということを、ヒルティは言っています。

「復活の思想を認める」ということには、確かに、キリスト教の足らざる部分、霊的《れいてき》な思想の部分とつながっていく面はあると思います。

「このへんについては、ヒルティの考え方によって、勉強させていただいたところがあったのではないか」という感じがします。

そういう意味で、宗教的な哲学のようなものの勉強になりました。

## ヒルティは、社会的義務を重んじる、高潔な人格の持ち主

大川隆法　ヒルティは、仕事と両立させながらやった人であり、主として朝に仕事をしておられたので、そのへんが勉強になり、そのまねをしたところが私にはあります。

それから、彼は本当に模範《もはん》的なキリスト教徒というか、プロテスタントなのですが、カトリックにも通じるようなところがある人で、社会的義務を重んじる、高潔な人格の方でした。

聖職者ではないので、当会で言えば、「在家《ざいけ》の熱心な信者」ということにな

りましょうが、「在家の信者ということでは、模範的なスタイルではないか」という気はします。

私も法律の勉強などをしていたので分かりますが、法学部を出て、法律を扱《あつか》う仕事をしていると、通常であれば、それに吸い込《こ》まれてしまい、「宗教性」や「思想性」のようなものは消えてしまうのですが、ヒルティが、吸い込まれずに教養を広げていったところあたりは、やはり、かなりすごいと思います。

彼は古典に関する知識も豊かで、歴史家でもあります。

## 体系的ではない「断想《だんそう》」が、かえって永遠に遺《のこ》る

大川隆法　それから、注目すべき点は、「真実は体系的なもののなかにあるの

ではない」というようなことも言っていることです。

これには、半分、言い訳もあるのではないかとは思います。忙しい仕事をしていたので、じっくりと体系的なものを書くほどの時間がなかったこともあるとは思うのです。

ただ、実際に、「永遠性、不滅《ふめつ》性があるものは、随想《ずいそう》や断想《だんそう》のような、断片的なもののなかにある」というようなことも言っています。

キリストの言葉でも、折々に発せられた、気の利《き》いた言葉のようなものが、のちの世に大きな影響を与《あた》えています。仏陀《ぶっだ》の言葉もそうですし、孔子《こうし》の教えもそうです。弟子《でし》との受け答えのなかの、気の利いた言葉のようなものが遺《のこ》っているのです。

ヒルティは、「意外に、のちの世まで遺るものは、〝短い言葉〟で語られた、インスピレーショナブルな断想的なものであり、長時間かけてつくった体系的なものには、意外にインチキが多い」というようなことを言っています。

これは、おそらく「ドイツ観念論哲学」などを想定しているのだと思いますが、「かっちりとできていると、人は信じ込みやすいが、意外に、そういうものには間違いが多い。その折々に語られた、真実の言葉のようなものが、けっこう永遠に遺るものなのだ」というようなことを言っています。

私は、体系的な本を少しは書いていますが、こういう思想も知っているので、あとはほとんど、説法を重ねて、「説法集」というかたちでの本をずっと出し続けています。これにも、やはり、ヒルティの影響は出ていると思うのです。

折々に「大事だ」と思う法話《ほうわ》をしていき、そのなかで似たような傾向《けいこう》のあるものを集めて本にするスタイルにしていますが、体系的に書き下ろしたようなかたちのものにこだわらず、そのときどきに、言いたいことを言ってきたわけです。今、たくさんの著書が出ている理由は、そこにもあると思います。

もし、強迫神経症的《きょうはくしんけいしょう》に、全部きちんと体系が完成したかたちでつくらないと気が済まなければ、このように大量の著書を出すことはできないと思うので、これにはヒルティの影響がそうとう出ていると思います。

## マルクスやニーチェの間違《まちが》いを「同時代」に見抜《みぬ》いたヒルティ

大川隆法　面白《おもしろ》いのは、岩波文庫版の『幸福論（第一部）』の「解説」です。これを訳した草間平作《くさまへいさく》さんが書いた「解説」で、昭和三十六年（一九六一年）五月に書かれたものですが、その最終ページには次のように書いてあるのです。

「ついでにちょっと注意しておきたいのは、ヒルティは随所《ずいしょ》で社会主義の悪口をいっていることである。社会主義は労働者階級の『しっと』に根ざし、『憎《にく》しみ』をあおると、彼は非難する。しかし、この事情は今日《こんにち》すでに大きく変化していることはいうまでもない。資本主義が、狭《せま》い資本家的営利主義を超《こ》えねばならないように、社会主義ももっぱらな階級闘争《とうそう》を超えて、さらに広い基盤《きばん》に立って、さらに積極的、道徳的に、理想社会の実現を目指さねばならぬ段階にきている。われわれは、この点におけるヒルティの時代的な狭さを超えて読まねばならないと思う。」

このように書いてあるのですが、渡部昇一《わたなべしょういち》さんは、ヒルティについて書いた本で、「この部分は余計だった。ヒルティの思想のほうが先見性があった」というようなことを書いています。

もうすでに、十九世紀に生きて、二十世紀の初めに死んだ方が、社会主義の本質を見抜《みぬ》いていたのに、訳者は、昭和三十六年、一九六一年に書いた「解説」で、「今、社会主義が広がりを見せており、事情が全然違《ちが》っているので、ヒルティの見方は古くなった」というような、余計なことを書いたわけですが、翻訳《ほんやく》だけしていればよいのに、評論を書いた結果、自分の見方が大きく外れているのがばれてしまっているのです。

あとから来た者が正しいとは限りません。二十一世紀の事情を見てみると、ヒルティのほうに先見性がかなりあったと言えます。

マルキシズムが広がりつつあった時代、マルクスと同時代に生きたヒルティが、「社会主義の本質は嫉妬《しっと》と憎しみにある」と見抜いたのです。これは、けっこうな洞察《どうさつ》だと思います。

ニーチェに対しても同様です。ヒルティは、一部、ニーチェを〝ほめて〟いる部分もチラッとあるのですが、〝皮肉〟かもしれません。ニーチェに関しては、「あの死に方、狂《くる》って死んでいった姿を、よく見てみろ。『神は死んだ』と言った人の最期《さいご》がどうなるかを見たら、彼の思想を信じてよいかどうかが分かるだろう」というようなことを言っているのです。

ニーチェも、ヒルティとほぼ同時代の人です。同時代において、その間違いを見抜ける目があったのですから、やはりすごいと思います。

そういう意味では、ヒルティには先見性がかなりあったと思います。

## ヒルティは、かなり偉《えら》い人かもしれない

大川隆法　ヒルティは「スイスの聖人」であり、私が最初に影響を受けた方でもありますが、その後、霊的には、私はヒルティと交流していませんでした。

そのため、今、「実際には、どのような人であるのか、関心を持つべきだったかな」と思っているところですし、「意外に、実体は、偉《えら》い人なのかもしれない」という感じがするのです。今日、話を聴《き》いてみて、そのへんについて何か感じ取れるところがあればよいと思います。

どうせヒルティの著作をあまり読んでいない人が多いでしょうから、細かいことをあれこれ訊《き》いたところでしかたがありません。素朴《そぼく》な感想や質問など、

そのようなものでよろしいと思います。

（質問者に）ヒルティに関する知識は一週間ぐらいの〝付け焼き刃《ば》〟でしょう？　それなら、無理をしなくて結構です。専門家として訓詁《くんこ》学をやっているわけではなく、「何か現代へのメッセージがあるかどうか」を探《さぐ》りたいのです。

## 霊言《れいげん》を多用する理由は「霊界《れいかい》情報等の発見」にある

大川隆法　前置きとしては、そんなところです。

ヒルティの『幸福論』は、私の〝出家《しゅっけ》〟に当たって影響のあった本の一つなので、「幸福の科学の源流を探る」という意味で、今日、三月七日（宗教法人設立記念日）に、ヒルティの霊言《れいげん》を収録してみようと思います。

なお、最近、霊言を多用していますけれども、これは、当会の原点のところを探っているのと同時に、「何か新しい発見がないか」と思って、今、調査、探索《たんさく》に入っているからでもあります。

霊言のなかに、霊界《れいかい》にある情報等でまだ地上に出ていないものがあれば、〝面白い発見〟になります。今、いろいろなかたちで霊言を収録すると、そういうものがヒョイッと出てくることがあり、そのへんが珍しいので、ほかの人にはできないことをやっているわけです。

## スイスの聖者《せいじゃ》、カール・ヒルティを招霊《しょうれい》する

大川隆法　今の人は、ヒルティの著作をあまり読めないでしょうし、読むのは

難しいだろうと思います。

私は、高校時代に、ヒルティの『眠《ねむ》られぬ夜《よ》のために』の第一部と第二部を二冊とも読んだことがあります。

私の高校時代の友達に、一橋《ひとつばし》大学からＮＨＫに入った人がいるのですが、その人が、「いやあ、その本を読むと、よく眠れるんだよね。眠れないときに、その本を読んでいると、すぐ眠れるようになる」と言っていたのを覚えています（笑）。

少し皮肉な言い方ではありますが、「内容が難しい」ということなのかもしれません。哲学的なことをグチャグチャと書いてあるので、「何ページか読むと、すぐ眠くなってくる」ということはあるでしょう。

（聴衆《ちょうしゅう》に）寝《ね》ないでくださいね（会場笑）。何とか起きていてくれれば幸いです。

難しくなりすぎないように努力しつつ、今、現代人に語ることが何かあるかどうか、訊いてみたいと思います。

（合掌《がっしょう》し、瞑目《めいもく》する）

スイスの聖者《せいじゃ》、カール・ヒルティよ。

『幸福論』の著者である、カール・ヒルティよ。

どうか、幸福の科学総合本部に降りたまいて、われらに、幸福論や人生論など、その考えるところを語りたまえ。

あるいは、われらがまだ気がついていないことや、新時代へのアドバイス等がございましたら、どうか、われらをご指導ください。
必ずや幸福の科学指導霊団《しどうれいだん》のなかにいらっしゃることだろうと推測いたしております。
カール・ヒルティの光、流れ入《い》る。
カール・ヒルティの光、流れ入る。
カール・ヒルティの光、流れ入る。
カール・ヒルティの光、流れ入る。
カール・ヒルティの光、流れ入る。
カール・ヒルティの光、流れ入る。

（大きく息を吐《は》く。約四十秒間の沈黙《ちんもく》）

## 2　「幸福論全体」に関する感想

### 幸福とは「道の先にいるライオン」のようなもの

ヒルティ　うう。ふう。ほう。

A――　ヒルティ先生でいらっしゃいますでしょうか。

（約十五秒間の沈黙《ちんもく》）

ヒルティ先生、本日は、幸福の科学総合本部にお越《こ》しいただきまして、本当にありがとうございます。

ヒルティ　うーん。

A――　私は幸福の科学学園のAと申します。本日、幸福論の大家《たいか》として日本でも非常に有名なヒルティ先生に、お話をお伺《うかが》いできる機会を賜《たまわ》り、たいへん光栄に感じております。

ヒルティ　う、うーん。

A―― よろしければ、少し質問させていただければと存じます。

ヒルティ うーん。ううん。ああ。はあ。うん、うーん。グーテン・ターク(こんにちは)。

A―― グーテン・ターク(こんにちは)。

ヒルティ ああ。

A―― ヒルティ先生の『幸福論』は、日本でも、たいへん以前から紹介《しょうかい》されており、(『幸福論(第一部)』を手にしながら)私が持っている岩波《いわなみ》文庫の去年（二〇一一年）の版には、なんと、「九十六回も印刷されている」という記録が巻末の奥付《おくづけ》に記《しる》されています。

ヒルティ先生の『幸福論』は、超《ちょう》ロングセラーとして、日本人、特に知識人の方々に大きな影響《えいきょう》を与《あた》えていますが、その著者である思想家、「スイスの聖《せい》人《じん》」として、ヒルティ先生は多くの方の記憶《きおく》に残っていると思います。

そのようなヒルティ先生が、ご生前に幸福論を説かれた意味といいますか、なぜ幸福論をこの世に遺《のこ》そうと思われたのか、このへんからお話を賜れれば幸いでございます。

ヒルティ　うーん。皮肉なものだなあ。幸福というのは皮肉なものだ。本当に、「道の先にいるライオン」のようなもので、みんな、それに近づくと引き返す。

それが幸福だなあ。

そのまま進めば幸福をつかむことができるのに、「ライオンが寝《ね》そべっている」と思い、それを見て引き返していく人が後を絶《た》たないんだなあ。ライオンじゃなくて、本当は、それが幸福なんだけれども、それを恐《おそ》れて、次から次へと引き返していくんだねえ。

だから、もう少しの所までは、みんな、行くんだがね。視界に入る所までは行くんだけど、戻《もど》っていくんだねえ。ライオン、獅子《しし》に見えて、道を引き返していく人が後を絶たない。

だから、得ようとして得ることはできないところがあるんだよなあ。得ようとしているのに、幸福が近づいてくると、自ら遠ざかっていくことが多い。そういう人が、あまりにも多いね。

## 不幸と対面していくなかに「幸福への道」がある

ヒルティ　だから、私には、「私の経験や知識等をいろいろと動員して、参考になるもの、道しるべを遺《のこ》したい」という気持ちがあったんだよね。的《まと》は、外《はず》すためにあるんじゃないんだけどねえ。的は、外すためにあるんじゃなくて、〝当てる〟ためにあるんだけど、人は的を外していく。同じように、不幸もまた、避《さ》けるために存在するんじゃなくて、不幸と対面していくなかに、実は「幸福への道」があるんだけれども、それを知らずに、不幸を避けることばかりを人は考える。ちょうど、「的を外すことのために的がある」と考えているようなところがあって、「不幸と思われるものの奥には、実は幸福があるのだ」ということを知らない。

それは、先ほど言った、「道すがら、ライオンが寝そべっているように見え、逃《に》げて帰ってくる人」の姿と同じだね。

あなたがたは、それぞれ、「自分の持っている不幸を、何か挙げてみなさい」と言われたら、きっと幾《いく》つか挙げるだろう。挙げられない人はいないだろう。「一点の不幸もございません」と言う人は、まったく「感性」がないか、「知性」がないか、「嘘《うそ》つき」か、どれかだと思う。だから、必ずあるはずだ。

だけど、「実は不幸の奥に幸福があるのだ」ということを、やはり、知らねばならない。

また、「人生の道すがら、不幸と見えし環境《かんきょう》が現れてきたとしても、それを努力や習慣の力で克服《こくふく》していくことによって、その不幸が幸福に転じていく結果が出てくる」ということを教えたかったんだがな。それには何かの手本は要《い》るであろうからね。

## 「仕事の仕方」を身につけると、人生は変わる

ヒルティ　特に現代人に関して言えば、やはり、仕事にかかわって幸・不幸がよく出てくるから、これは逃《のが》れられないところだよね。

「結果的には成功して幸福になった」という人もいるかもしれないけれども、「仕事のために不幸になった」など、仕事が、いろいろな意味で言い訳に使われていることは多い。

しかし、私は、「仕事があなたがたの幸福を決めているわけではない。仕事

の仕方や、『よい仕事をする方法を身につけたかどうか』によって、人生は変わる」ということも教えているわけだな。

これは、あなたがたが言う「縁起《えんぎ》の理法《りほう》」かもしれないけれども、あらゆる仕事において、やはり、よりよき未来を拓《ひら》くための方法は、必ずあるんだよ。

だけど、「この仕事のせいで自分は駄目《だめ》になった」というような考え方をする人は多い。たいていの場合、「オーバー・キャパシティ」(仕事能力以上の負荷を担《にな》うこと)と思って、そのように考えることが多いんだけど、実は、考え方を変えなければいけないことが多いわけだね。

## 千年、二千年たっても、「幸福論の探究」は終わらない

ヒルティ　そういう意味で、「幸福論」は、やはり永遠のテーマだろうし、千年たっても二千年たっても、たぶん、「幸福論についての探究」はまだ終わってはいないだろう。

それが終わらないため、この地上での生活も、次々と環境が変わり、時代が変わり、人が変わり、文明の姿や言語が変わり、風習が変わり、民族や人種など、いろいろなものが変わって現れてくるんだな。

国ができ、やがて消滅《しょうめつ》しても、幸福論は、いろいろなかたちに姿を変えて存在する。

アフリカから奴隷《どれい》として売られてきた黒人たちにとって、最初は、奴隷から抜《ぬ》け出して鎖《くさり》を解《ほど》かれることが幸福だったかもしれないけれども、今であれば、「大統領になる幸福」というものも出てきたであろうし、変わってはいくものだろうね。

でも、結局、「幸福とは、不可能と思っていたことが可能になっていくことだろう」と思うし、不可能が可能になっていく過程においては、手立てというか、「上手なやり方を体得していく」という意味で、方法論は、ある程度まで学べるものではないかな。

それが、私の、ある意味での「悟《さと》り」かな。

個人個人が、史上初めて、その問題に立ち向かっているのだったら大変だけれども、すでに先人たちの例が数多くあるわけだから、教養の道を学び、先人たちの歩んでいった道、「先人たちは、こういう場合に、このように言い、このようにした」ということを学ぶことで、道を拓《ひら》く術《すべ》は簡単に分かる。

それは、鍵《かぎ》を渡《わた》されたのと同じだよね。その鍵を受け取らないのは自由だけれども、手にすることのできる鍵がありながら、その鍵で扉《とびら》を開けようとしないなら、不幸を嘆《なげ》く資格はないのではないかな。

「幸福論全体」に関しては、率直《そっちょく》に言えば、そのような感想を持っています。

A――　ありがとうございます。

# 3 「恐怖心《きょうふしん》の克服法《こくふくほう》」と「時間の活用法」

## 信仰《しんこう》が立っていれば、「恐怖心《きょうふしん》」を乗り越《こ》えることができる

A――最初に、「ライオンの近くまで行き、逃《に》げて引き返してしまう人が多い」というお話がございましたが、やはり、人間には、どうしても恐怖《きょうふ》の感情というものがあり、これを克服《こくふく》できないで苦しんでいる人はたくさんいると思います。

こういった恐怖感というものは、この世において非常に強いわけですが、地上を去って、天上界《てんじょうかい》から地上を見ておられるヒルティ先生から、恐怖や不安に

おののいている方々に、ぜひ救いの言葉を賜《たまわ》れればと存じます。

ヒルティ　だから、信仰《しんこう》が立っていないんじゃないかね、一言《ひとこと》で言えば。

信仰が立っていれば、その恐怖心を乗り越《こ》えることができるんだけれども、現代人は、それだけ恐怖心や不安感に苛《さいな》まれながら、どうして信仰を手放《てばな》していくのかねえ。それが不思議でならないね。

そういう恐怖や不安感と闘《たたか》うために信仰はあるわけで、やはり、神への信仰があってこそ、それに打ち克《か》つことができるのに、みすみす、そういうものを否定する方向に物事を導いていこうとする傾向《けいこう》が強いね。

「科学をやったら、神や仏、あの世を信じられなくなる」というのなら、「科学は不幸をつくり出している」と言わざるをえないわね。本当は、科学は、どちらでもないものなんだけれども、その結果を見て、不幸をつくり出しているように考える人がいる。

病院が発達し、医療《いりょう》技術が進歩すれば、幸福になるかと思ったら、病人がたくさんでき、医者から、「この病気は治りません」「余命《よめい》何年です」などと言われる。今まで知らなかったことを、いろいろと知り、「自分は不幸なのだ」と思うようになる。

しかし、医者の予言が外れないのは、人間は、いずれ必ず死ぬからですね（笑）。

人間は、この世での「永遠の命」を持ってはいないので、余命一年が四年になろうが、十年になろうが、いずれは死ぬ。だから、外れない。

「あなたは不幸になります」という予言を占《うらな》い師《し》がすれば、「いずれは死を迎《むか》える」という意味では、全員、そうなるわけだね。誰《だれ》もが、病気になるか何かで死んでいきます。

だけど、現代の「発展」「発達」と見えるもののなかには、「物事を細かく見すぎ、かえって恐怖心や不幸感覚を増大させているもの」も多いんじゃないだろうかねえ。そのように見えてしかたがない。

## ストレスに悩《なや》む現代人は「捨てる」のが下手

ヒルティ　だから、現代人の多くは、「ストレス」というもので悩《なや》んでいらっしゃるようだけれども、私から見ると、やはり、「捨てる」のが下手ですよ。

「いちばん大事なもの」を選んで、「優先順位が落ちる、大事ではないもの」

は捨てていかなくてはいけない。

持っている時間は有限だよ。誰だって、百歳《さい》以上生きることは、そう簡単じゃないし、百歳以上生きたところで、知的生活を続けることは、なかなか困難であろうからね。

そして、「数十年の人生を、享楽《きょうらく》だけで生きるか、あるいは、教養を積み、世の中に何らかの貢献《こうけん》を遺《のこ》そうとするか」というのは、その人の選択《せんたく》にしかすぎない。

それは、持っている時間の選択であり、一年のなかの時間の使い方、一カ月、一週間、一日の使い方である。すべて、「一日一生《いちにちいっしょう》」の積み重ねだ。

現代は〝時間がない人〟ばかりだと思う。ここにいる人は、みんなそうだろう。時間が足りない人ばかりだよ。

だけど、「時間を増やそう」と思っても、増えるものではないので、やはり、「捨て方」が足りないね。だから、「自分たちは、いかに無駄《むだ》なことに手を出し、それに時間を費《つい》やしているか」ということを、やはり検討すべきだね。

私たちの時代にも、つまらない趣味《しゅみ》で、いろいろな娯楽《ごらく》も流行《はや》っていたけれどもねえ。

今あなたがたに言うと、おかしいかもしれないが、まあ、スケートが流行ったりとかねえ、変な音楽を聴《き》いたり、ダンスを踊《おど》ったりすることにのめり込《こ》む人もいれば、新聞を読んで時間をずいぶん費やす人もいたりして、いろいろなことに時間を費やしていた。そして、「本を読む時間も、ものを書く時間もない」とか言っていたんだ。

あるいは、おしゃべりに時間を費やしていた。ドイツ人だったら、ビールをジョッキでいっぱい飲んで、ワイワイと騒《さわ》いだあとには、もう勉強できませんよね。大ジョッキで、一杯《ぱい》、二杯、三杯と飲んで、愉快《ゆかい》に語らったあと、さあ、机に向かって勉強ができるかといっても、それは無理です。

だから、何かを断念《だんねん》しなければいけない。それは、ほんのちょっとした心掛《こころが》けかもしれないけれどね。

例えば、週末、金曜日には飲んでもよいかもしれないけれども、「月曜や火曜ぐらいは、ビールを飲むのはやめ、素面《しらふ》で本でも読もう」という発心《ほっしん》ができなければ、やはり、教養をつけることは不可能になるわね。

そういう考えは、今では、ほかのものにたくさん当てはまるようになっているだろう。やがて、「ラジオを聴いたりテレビを観《み》たりしたら、バカになる」という噂《うわさ》になっていったのだろうし、今だと、コンピュータ、インターネット、携帯電話《けいたい》、その他、そうしたものを扱《あつか》う会社が次々と繰《く》り出してくる新製品に飛びついては、時間をそうとう浪費《ろうひ》しているはずだな。

数学の問題を解いているよりも、ゲームをやっているほうが楽しいだろうね。

ただ、そのゲームを毎日やっていたら、「数学の問題を一時間考えて解く」などということは、バカバカしくて、やれなくなってくるわね。

ただ、その結果、勉強ができなくなり、学校の成績が落ち、自分が行きたかった学校に行けなくなったりすることもあるし、古典など時間がかかるようなものは読めなくなる。当然、刹那《せつな》的なものしかできなくなってくる。

だから、けっこう、「何を捨てるか」ということは大事で、「代償《だいしょう》の法則」（注。「何かを得るためには、別の何かを捨てなくてはならない」という法則）は働いているわね。

## 「優先順位」をつけ、早めに片付けていく

ヒルティ　今、現代人は、情報過多になっているし、情報だけではなく栄養も過多になっている。

そういうことが、いろいろなかたちで、ストレスや病気のもとになっていると思うので、やはり、よく捨てて、よく絞《しぼ》り込み、優先主義というか、そういう考え方を立てるべきです。

「今は何がいちばん大事か」ということを常に考えて、第一順位のものに自分が携《たずさ》わっているなら、第二順位のものについては、「もし失われても構わない」という気持ちを持ち、第三順位、第四順位のものについては、それ以上に、

失われても構わないものなので、そう考えなくてはならない。

「あれも、これも」と思えば、やはり無理は出るわね。

どうしても複数のことをやりたければ、要領よく並行《へいこう》して処理していくしかないだろうから、それには技術を磨《みが》かなければいけないだろうね。で、うまく仕事をまとめていく技術が必要だろう。

だけど、たいていの人は、物事を「先延ばし」にする。「先延ばし」にし、達成しないで持っていると、安心感があるんでね。今やっていることを達成しないでいれば、「明日《あした》も仕事がある」という安心感があるけど、「明日の仕事は何もない」という恐怖には耐《た》えられないんだね。

だから、仕事を持っていることで安心するわけだけれども、本当に仕事がしたかったら、やはり、今日ある仕事は今日終わってしまうことが大事で、「明日は仕事の予定がない」というぐらいにしておけば、新しい創造的な仕事にかかることができる。

つまり、〝宿題過多〟になってしまったら駄目で、「早めに片付けていく」という予習主義が大事でしょうね。そうしたら、余分なことができるようになっていくだろう。

A――信仰論の中心部分から「代償の法則」、そして、「優先順位をつける」というお話まで頂きまして、本当にありがとうございます。

## 4 信仰《しんこう》と幸福の関係

### 「幸福について」の公案《こうあん》を霊示《れいじ》したヒルティ

A――　次に、個別の問題について、女性、若者の観点から質問させていただきたいと思います。

B――　精舎《しょうじゃ》活動推進局のBと申します（収録当時）。よろしくお願いいたします。

横浜正心館《よこはましょうしんかん》がまもなく落慶《らっけい》いたしますが（二〇一二年四月二十九日落慶）、

そこでの研修用に第一に下ろしていただいたのが、カール・ヒルティ先生の霊《れい》示《じ》による「幸福について」という公案《こうあん》研修でした。本当にありがとうございます。

ヒルティ　ああ、そうですか。もう、すっかり忘れていました。では、仕事をしなければいけないんですかね。

B――（笑）その公案研修のときには、ぜひ、ご指導をよろしくお願いいたします。

ヒルティ　ああ、そうですか。私が最初に出るんですか。

B――　はい。

ヒルティ　そうですか。それはまた……。

それは、人気の出ない研修になりそうですね。困りましたねえ。今は、「ヒルティって、そもそも何者ぞ」という説明をしなければいけないから、困るんじゃないですか。

私のこんな三冊（『幸福論』全三巻）を読んでいる暇《ひま》があったら、みんな、テレビや映画などを観《み》ますよ。これ、読むのは大変だものね。退屈《たいくつ》で読んでいられないでしょう？　この一週間、きつかったでしょう？　よく分かりますよ。禁欲しなくては読めないいんですよ。

B――　（笑）私は、今回、カール・ヒルティ先生の思想を勉強させていただきましたが、「特に、若い人などに、ヒルティ先生の思想を、もっと読んでいただきたい」ということを、本当に感じました。

ただ、やや難解といいますか、難しい点があったりするため、「若い人には、なかなか、とっつきにくいのかな」という思いもあったのですが、本日のこの霊言《れいげん》を通しまして……。

ヒルティ　「解説しろ」と。ああ、なるほど（会場笑）。

B――　（笑）

ヒルティ　分かりました。

B――「若い方にも伝えていけたら」と思っております。

「この世的な幸福」から「もっと高次な幸福」へ

B――まず、総論的な内容として、信仰《しんこう》と幸福の関係についてお伺いしたいと思います。

ヒルティ　ああ、なるほどね。それは幸福の定義だよね。「幸福とは何ぞや」

郵便はがき

料金受取人払郵便

赤坂局
承認

6467

差出有効期間
平成28年5月
5日まで
(切手不要)

1078790

112

東京都港区赤坂2丁目10−14
幸福の科学出版(株)
愛読者アンケート係 行

| フリガナ<br>お名前 | 男・女 | 歳 |
|---|---|---|
| ご住所 〒　　都道府県 | | |
| お電話 (　　) − | | |
| e-mail アドレス | | |
| ご職業 | ①会社員 ②会社役員 ③経営者 ④公務員 ⑤教員・研究者<br>⑥自営業 ⑦主婦 ⑧学生 ⑨パート・アルバイト ⑩他 ( ) | |

ご記入いただきました個人情報については、同意なく他の目的で使用することはございません。ご協力ありがとうございました。

# 愛読者プレゼント☆アンケート

『ヒルティの語る幸福論』のご購読ありがとうございました。今後の参考とさせていただきますので、下記の質問にお答えください。抽選で幸福の科学出版の書籍・雑誌をプレゼント致します。(発表は発送をもってかえさせていただきます)

## 1 本書をお読みになったご感想
(なお、ご感想を匿名にて広告等に掲載させていただくことがございます)

## 2 本書をお求めの理由は何ですか。

①書名にひかれて　②表紙デザインが気に入った　③内容に興味を持った

## 3 本書をどのようにお知りになりましたか。

①新聞広告を見て [ 新聞名：　]
②書店で見て　③人に勧められて　④月刊「ザ・リバティ」
⑤月刊「アー・ユー・ハッピー?」　⑥幸福の科学の小冊子
⑦ラジオ番組「天使のモーニングコール」　⑧幸福の科学出版のホームページ
⑨その他 (　)

## 4 本書をどちらで購入されましたか。

①書店　②インターネット (サイト名　)
③その他 (　)

## 5 今後、弊社発行のメールマガジンをお送りしてもよろしいですか。

はい (e-mailアドレス　) ・ いいえ

## 6 今後、読者モニターとして、お電話等でご意見をお伺いしてもよろしいですか。(謝礼として、図書カード等をお送り致します)

はい ・ いいえ

弊社より新刊情報、DMを送らせていただきます。新刊情報、DMを希望されない方は右記にチェックをお願いします。　□DMを希望しないという定義だけど、この世的な定義としては、今、現代的に言えば、「この世的な人生において、ある程度、自己実現を果たすこと」だろうと思うね。これは、この世的には一般《いっぱん》的な幸福論だろう。

だけど、宗教的な意味で言えば、二番目に挙げる、もっと高次な幸福は、やはり、「神のそば近くにあること」だと思うんだよね。

だから、本当の幸福は「神のそば近くにあること」だ。これは一種の悟《さと》りかもしれないけれども、そこまでの境地に達することができれば、この世のさまざまな瑣末事《さまつじ》は乗り越《こ》えていけるんだよ。いろいろな「不幸と思われること」があってもね。

たいていの人が人生相談をし、悩《なや》み苦しんでいるようなことは、「神のそば近くにあることが真の幸福なのだ」という定義を持ってこられると、みんな遠ざかっていくんだよ。

そういう、すべてのこの世的な不幸は、実は、神のそば近くに至るための材料、本人の自覚を促《うなが》すための材料にしかすぎないんだよね。

## 「神のそば近くにあること」は〝天使の幸福〟

ヒルティ　例えば、家が経済的に貧しいこともあれば、自分が幼いうちに病気になることもあるし、親が病気になることや死ぬこともある。

あるいは、中学受験、高校受験、大学受験と、今、受験が続いているんだろうけれども、なかなか思うようにはいかないよね。平均したら、それぞれの受験で何人かに一人しか受からないから、幾《いく》つかのところでは失敗するだろうし、全部クリアしたとしても、なかに入ってから、うまくいかないこともある。また、卒業して仕事に就《つ》いてから、うまくいかないことが出てくることもある。

そういう意味で、この世的に見れば、〝不幸の材料〟は種が尽《つ》きないですよ。もう、あらゆるものが不幸の材料になりうる。

誰《だれ》に訊《き》いても、不幸の材料は幾らでも書き出せるけど、「あなたは幸福ですか」と言われ、「はい、そうです」とズバッと答えるには、かなり厳しいものがあります。

ただ、「これを手に入れられたら幸福」というかたちでの具体的な自己実現の目標で、例えば、「年収が百万ドルを超《こ》えたら幸福です」というような幸福論であれば、それを達成できる人もいれば、達成できない人もいて、確率論的に一定の確率が出るでしょうね。

百万ドルではなく、一億円と言ってもよいかもしれないけれども、「一億円以上、手にしたい。ミリオネアになりたい」ということであれば、達成できる人とできない人とが出てくるだろうけど、達成は不可能ではないでしょう。

だけども、そういう幸福ではなくて、「神のそば近くにあること」という幸福は、言葉を換《か》えれば、いわば〝天使の幸福〟だよね。天使としての幸福は、「神のそば近くにあること」です。

神のそば近くにあるためには、イエスの人生を見たら分かるように、必ずしも、この世において成功するというか、自己実現をしなくてはならないわけではない。

「イエスは、自己実現をなされたわけではなくて、神の御業《みわざ》を、実現、成就《じょうじゅ》された」というように見るべきだね。「神の願いというか、救済の御業を成し遂《と》げるために、人生を生きられた」というように考えるべきだろうね。

最終的な幸福論を、第一段階では、この世的な、自己実現的なものに考えてもよいかもしれないけれども、第二段階的には、やはり、いろいろな成功・失敗など、何があろうと、それには関係なく、「神のそば近くにあること」というところに幸福を置かなくてはならない。そうしたら、今のあらゆる〝不幸の種〟と思われるものは、全部、関係がなくなってくるのです。

「これさえなければ自分は幸福」というようなものは、たくさんあるからねえ。

例えば、若い女性であれば、「結婚《けっこん》さえできれば幸福」と思っているかもしれないが、結婚することによって不幸になった女性は山のようにいる。

結婚していなければ、結婚していないことが〝不幸の材料〟のように思える。しかし、結婚したら、結婚したことが不幸の材料のように思える。これは人間の不思議でしてねえ。だから、〝不幸の種〟は尽きません。でも、「神のそば近くにあることが幸福だ」と思って、この世的に並べられる、あらゆるものを、全部、〝幸福の種〟に転じていくことが大事ですね。

## 信仰《しんこう》なくば、「真実の幸福」はありえない

ヒルティ　だから、信仰《しんこう》なくば、「真実の幸福」はありえないと思います。イエスが救世主として生きた過程は、この世にだけ人生を限って見れば、もし、言われるように三十三年の人生だったとすると、わずか三十三歳《さい》にして十《じゅう》

字架《じか》に架けられ、言葉は悪いが、〝惨殺《ざんさつ》〟されたかたちですよね。「茨《いばら》の冠《かんむり》を被《かぶ》せられ、釘《くぎ》を打ち込《こ》まれて十字架に磔《はりつけ》にされ、強盗《ごうとう》犯人と一緒《いっしょ》に死刑になる」ということは、この世的に言えば不幸の極《きわ》みで、これ以上、不幸になりようがありません。

〝死に方の不幸度比べ〟はあるかもしれませんがね。十字架に架かって死ぬのと、車裂《くるまざ》きの刑でバラバラにされるのと、どちらが不幸か、それは分からないのですが、車で裂かれても、一瞬《いっしゅん》で死ぬのなら、簡単かもしれません。十字架に架けられると、死ぬまでは何時間かかかりますから、そんなに簡単ではなく、その間《あいだ》の苦痛は続きますわね。

また、十字架に架かる前には、鞭《むち》で打たれ、皮が剝《は》がれて血が流れ、茨の冠を被り、重い十字架を背負って丘《おか》を登りゆく過程で、侮辱《ぶじょく》され、唾《つば》をかけられ、人類最高の人が大勢の人々に罵倒《ばとう》されて、「救い主だというのに、自分も救えないじゃないか」と言われる侮辱に耐《た》えながら、十字架に架かるわけですから、そのイエスの最期《さいご》を想像するだに、涙《なみだ》が止まりませんよね。

しかし、それが、実は「神のそば近くにあること」であり、「最も幸福な、栄光の道を歩もうとしている瞬間だった」ということですよね。

この逆説が、生きている人には、そう簡単には分からない。普通《ふつう》の人にとっては、捕《つか》まって死刑にならないことが幸福ですよね。

やはり、「人生観において、根本的に信仰があるかないか」のところでしょうね。信仰がない人にとっては、「この世的に快適で快楽であることが幸福」ということになりましょうが、信仰心のある人にとっては、やはり、「神のそばに行ける」ということが幸福なんだよねえ。

これを知らせなければ、やはり幸福論を説いたことにならないと思う。

## 「この世のみの成功論」には限界がある

ヒルティ　「この世のみの成功論」は、幾《いく》ら読んでも、幸福に「即《そく》」はつながらない。成功と見えしものが、いつ不幸に転じるか分からない。それは、大金持ちであろうと、社会的地位の高い人であろうとね。

例えば、大統領になったとしても、それで幸福になったかどうかは分からない。「権力を目指して、それに到達《とうたつ》した」ということをもって、「幸福」と言うのなら、幸福になったかもしれないけれども、意外や意外、本当に神のそば近くにある人は、暗殺された大統領であったりするようなことが多いわけでね。

だから、この世的には不幸に終わった方であることも多かったりする。

そういう意味で、この世には、「天国の価値観とは違《ちが》う価値観のところに存在している」という面があるし、この世には、地獄《じごく》的価値観が「常識」としてまかり通っているところが、けっこうあるわけだね。

## 幸福論の「第一段階」と「第二段階」

ヒルティ　幸福論は、「第一段階」的には、自己実現的なもので考えてよいと思うけれども、「第二段階」としては、やはり、「神のそば近くまで行く」ということが目標だね。

この第二段階の幸福論から見たら、この世的な言い訳の部分が、みな消えていくからね。

第一段階で、「この世的な自己実現」というと、例えば、「よい人と結婚し、子供ができて、素敵《すてき》な家庭が営め、そこそこ経済的にも苦労しないで、マイホームを建て、借金を返せて、無事に、普通の人が生きるぐらいの天命、天寿《てんじゅ》を全《まっと》うでき、最後、あまり痛い思いをしないで死ぬことができたら、幸福だな」という、標準的な幸福論が成り立つかもしれない。

しかし、第二段階の幸福論を考えると、そういう人がバカにするような人の人生のなかに、実は幸福があることがある。

例えば、尼《あま》さんや修道女《しゅうどうじょ》のように、「結婚もできないで、慎《つつ》ましく一生を生きている。神様のために生きている」ということも、バカバカしく見えるかもしれないし、革命のために死んでいく人のことも、バカバカしく見えるかもしれない。だから、そのように見えるものは、たくさんあると思う。

だけど、私には、「信仰を含《ふく》まない幸福」は、やはり、本物とはどうしても思えないね。

# 5　親から子への「信仰《しんこう》の継承《けいしょう》」

## 「本人の魂《たましい》の求めるところ」に落ち着いていく

B――　私自身も、第二段階の幸福である、「神のそば近き人間であること」を目指して、今、修行《しゅぎょう》させていただき、「本当に幸福だなあ」と感じております。

私が信仰《しんこう》に出会ったのは「親からの継承《けいしょう》」によってだったのですが、ヒルティ先生も「お母様からキリスト教の信仰を頂いた」ということがあり、その際、お母様から非常に宗教的な教育をされたと思います。

しかし、私の場合、それがあまり厳格ではなかったところがよかったのかなと思うのです。

ヒルティ先生ご自身も、生前、「学校やその周りの環境《かんきょう》がとても形式的で、それに対しては、強い反感を覚えた」というようにおっしゃっています。

今後、幸福の科学におきましても、親から子への「信仰の継承」は、とても大事なものになってくると思います。

その点で何かご教示いただけましたら、幸いでございます。

ヒルティ　でも、どうだろうか。「親の責任をあまり重く考えすぎるのは、どうかな」とは思う。結局、「本人の魂《たましい》の求めるところ」に落ち着いていくのでね。

例えば、信仰とは逆のようなところに生まれても、それを乗り越《こ》えて信仰に辿《たど》り着いていく人もいるし、信仰深い家庭に生まれても、それから外れていく人はいる。

だから、牧師《ぼくし》の家庭に生まれても、信仰を否定するような方向に行く人だっているわけでね。親への反抗《はんこう》から、逆に出てくるものもある。そういうものもあるので、何とも言いがたいね。

結果論だし、その人の人間性の問題かとは思うが、「両親が信仰を持っていたため、自分は早いうちに信仰に目覚めることができた」ということを、感謝を持って感じられる人間は、やはり、比較《ひかく》的早いうちに幸福に近づいたと言えるんじゃないかね。

## 親の庇護《ひご》がなくなると、「本物かどうか」が試《ため》される

ヒルティ　ただ、その信仰は、まだ両親の庇護《ひご》下にあるうちは楽ですけど、いずれ両親の庇護はなくなり、自分一人で世に立っていかなくてはいけなくなる。

そのときには、やはり、さまざまな試練、艱難辛苦《かんなんしんく》が起きてくるので、「自分自身が本物かどうか」ということが試《ため》されるね。「両親が言っていたのと違《ちが》うじゃないか。実際には、こんな困難が出てきたじゃないか」というようなことがあるかもしれない。

例えば、幸福の科学も、両親の時代には、まだ（規模が）小さくて、「ほんわかした団体で、いいよ」と言われていても、これが「世界宗教」を目指して

大きくなっていく過程では、いろいろなところとぶつかったり、戦いが起きたりすることだって、あるいは、あるかもしれない。

そうすると、この世的には不幸と見えしものも出てくるかもしれない。親が知らなかったようなことが、子供の代には起きるかもしれないね。

そのようなときには、もはや、「親がどうであったか」ということは関係がなく、やはり、「本人の問題」として考えられるべきであろうと思うし、結果的に、「どれほどの人であったか」ということ、その人の鼎《かなえ》の軽重《けいちょう》は、きちんと測られるだろうと思うね。

それを、不平不満や愚痴《ぐち》、言い訳で切り抜《ぬ》ける人は、「それまでの人であった」と言わざるをえないかな。

あなた（B）のような理性的な方が、「理性」と「信仰」を両立させるのは、この世的には、なかなか難しいことだろうと思うけれども、それができているなら、大したものだと思う。
先ほど言った、「いちばん大切なものは何か」ということを考える意味では、理性的な頭脳の持ち主は、うまくいけば、よい方向に行くこともあるわね。

B――　分かりました。ありがとうございます。

# 6 「家庭」と「仕事」を両立させるために

## イエスは決して女性差別的ではなかった

B――　ヒルティ先生は、生前、結婚《けっこん》をとても重視され、「地上の物事のなかで最も聖なるもの」と考えておられたと伺《うかが》っております。

奥様《おくさま》については、「私が来世《らいせ》において最も会いたいのは、わが妻である」というようなことまで、おっしゃっています。

また、奥様は、知的で、信仰《しんこう》深く、ヒルティ先生の仕事を助けるなどして、「本当に理想の奥さんであった」ということも伺っております。

そこで、ヒルティ先生のお考えになる、「良妻賢母《りょうさいけんぼ》の条件」を教えていただけましたら、幸いでございます。

ヒルティ　まあ、いい妻であったのでねえ。

私は、晩年、政治家をやり、「婦人の参政権運動」等をずいぶん応援《おうえん》しましたが、私の妻のような立派な女性に会ったら、「女性であっても、それなりの見識を持っている方に、意見を投影《とうえい》してもらうほうが、世の中にとってはよいのではないか」と思うことはあったし、男性であっても、それほどの見識を持っていない方も多いですからね。

そのへんについては、「神の目から見て、どうなのだろうか」というところはありました。

イエスは、決して女性差別的な方ではなかったですしね。女性差別的ではないだけでなく、男性も含《ふく》め、その時代に職業などで差別されていた、さまざまな者たちに対しては、むしろ、非常に開かれた目で見ていたと思われます。

職業的に差別されたり、「異邦人《いほうじん》だ」ということで差別されたり、いろいろございましたですけれども、そういう者に対し、イエスは、非常に開かれた目で見ておられたし、そうした伝統的な価値観をストレートに受け取らず、自分自身で判断なされていました。

だから、伝統的な価値集団から見たら、いわゆる「アウトロー」に見えていたところもあるのかなと思います。

今で言えば、税務署は威張《いば》っておられるかもしれませんが、当時、貢《みつ》取りは非常に忌《い》み嫌《きら》われていました。その取税人《しゅぜいにん》の一人がマタイですし、ガリラヤ湖の漁師《りょうし》なども十二弟子《でし》に入っています。それから、娼婦《しょうふ》と言われたような女性も、イエスの重要な弟子になっています。

そういう人たちとの交際は、今、この世的に見れば、例えば、いわゆる常識的な会社人間の考え方、あるいは週刊誌的な常識を善とする見方からすれば、どうなるでしょうか。週刊誌に書かせれば、イエスの言動は〝ゴシップ〟の山に見えるでしょうね。

「イエス、人から忌《い》み嫌われる税務署役人と交際す」などと書かれたりするのかもしれないし（笑）、「聖者と名乗りながら、病気を治すと称《しょう》して娼婦《しょうふ》と交際している」ということも言えるかもしれないし、「『死人が蘇《よみがえ》った』というデマを流して金儲《かねもう》けをしている」とか、いくらでも言えましょう。だけど、そういうことにはとらわれなかった方なんでしょうね。

## 男性を「偉大《いだい》な魂《たましい》」に導いていくのが女性

ヒルティ　魂《たましい》的には、男性にも、「優《すぐ》れた魂」もあれば、そうでないものもあるように、女性にも、「優れた魂」と、そうでないものはあるように思いますよ。

私は、ダンテの作品もよく読みましたけど、やはり、本当は男性を「偉大《いだい》な魂」に導いていくのが女性だと思うんですよ。男性をして奮起《ふんき》せしめ、高みに導いていく女性の力は大きいと思いますよ。その女性は、やはり〝天使的なもの〟だと思いますね。

だから、その天使的な女性に対しては、それなりの社会的尊敬があってもいいんじゃないかと思います。私は、そういう意味で、「女性の人権の後押《あとお》し」には努力いたしました。

## ヒルティにとって思想家は「副業」だった

ヒルティ　私は、「プロテスタントであるにもかかわらず、カトリックと親和性があった」とよく言われています。

カトリックでは、「家庭を大事にする」という考え方が強いので、そういうところを言われているのだと思われますけれども、私の場合、それほど欲はなかったところもあるのかなと思うんですよ。だから、一緒《いっしょ》ではないと思います。

先ほどもご紹介《しょうかい》にありましたように、私は、キリスト教について書いたり、

『幸福論』を書いたりして、思想家として生きたかもしれないけれども、これは副業でやったもので、正式には、きちんと職業に就《つ》いておりました。

法律家であったり、大学教授であったり、政治家であったり、そういう職業を持っていたので、隙間《すきま》時間というか、合間《あいま》時間を上手に用いることで、教養を身につけ、それから、さまざまな分野についての思想書を、断片的ながら、いろいろと書き綴《つづ》って出すことができた人間です。そのへんで割り切れたわけですね。

だから、むしろ、「プロの作家」として生きていかないと収まらないところまで欲求があった人なら、私のような人生では欲求不満だったかもしれない。

トーマス・マンやトルストイのように、「作品を書き続けたい」という強い欲望を持っていたら、私のようなものでは、たぶん納得《なっとく》がいかなかったでしょう。

私のような仕事をしながらであれば、残念ながら、トルストイの『戦争と平和』や『アンナ・カレーニナ』のように、ああいう難しい長編ものは書けなかっただろうと思うので、私は、そのへんの満足できるところで見切ったことが、自分の幸福を担保《たんぽ》できた理由ではありましょうね。

## 「自分にできる範囲《はんい》内での幸福」を求めたヒルティ

ヒルティ　妻に感謝し、家庭を大事にできたこと等も、この世的な出世をそれほど望まなかったことが、一つの理由ではあったかと思うんです。

この世的に、「スイスに生まれたビスマルクのような感じで、尊敬されたい」

ということであれば、もっと無理をしなくてはいけなかったかと思いますけど、そういうところにあまり重点を置かず、「自分にできる範囲《はんい》内での幸福」を求めていたのです。

だから、私を参考にできるのは、みなさんでいえば、在家《ざいけ》で活躍《かつやく》できる人ぐらいのレベルかもしれず、宗教を起こす教祖《きょうそ》や、大きな会社を起こす大実業家など、そういう者の幸福とは違《ちが》うかもしれないのです。

私よりも多くの影響力《えいきょうりょく》を与《あた》えるような方には、また、そういう生き方がありましょうから、全部が一緒とは必ずしも思いませんけれども、ある意味で、「この世的に、プロテスタントというか、キリスト者《じゃ》として、信仰を守りながら、家庭と仕事を両立しうる範囲内で、よりよき人生を送れ、プラスアルファとして、多少なりとも後世《こうせい》への思想的遺産を遺《のこ》せた」というあたりかな。

だから、あまり欲を出しすぎなかったところも大きい。欲は出さなかったけれども、仕事の面においては、「勤勉というものを身につけた」というところが、生産性につながったのかなとは思いますがね。

B――　ありがとうございます。

# 7 「仕事の本質」をつかむコツ

## お金ではなく「仕事」自体が「人生の報酬《ほうしゅう》」

B──　次に、「若者」という観点で、ご教示《きょうじ》いただければと思います。

仕事には、それに本気で夢中になると、楽しくなる性質がありますし、仕事は愛の実践《じっせん》にもなります。

ただ、今の若い方には、仕事に使命感を持てない方や、「仕事は、お金を稼《かせ》ぐ術《すべ》である」と思って仕事をしている方がたくさんいます。

そこで、「仕事の本質」をつかむためのコツなどがありましたら、ご教示いただければ幸いでございます。

ヒルティ　人間には二種類あると思うんですよ。「嫌々《いやいや》、仕事をしている人」と「喜んで仕事をしている人」の違《ちが》いは、やはりあると思うんですね。

嫌々、仕事をしている人は、仕事自体を税金のように思っており、「人間として生きていくため、食べていくためにしかたがないので、苦役《くえき》として仕事をやらなくてはいけないけど、できるだけ早く解放してもらいたい」と考えていて、バカンスのほうに関心があって、「早く休みが来ないかな」と思っているタイプの人間です。

あるいは、「仕事が終わってからあとの夜の時間が楽しい」と思い、それを心待ちにしているタイプの人もいます。

一方、「仕事こそが神様のくださったご褒美《ほうび》だ。仕事がいちばんの報酬《ほうしゅう》だ」と思っている人もいます。「お金が報酬じゃなくて、仕事が報酬なんだ。だから、よく仕事をすればするほど、いい仕事というか、やりがいのある仕事が自分に回ってくる。もっとやりがいのある、もっと多くの人に影響《えいきょう》を与《あた》えられる仕事ができること自体が、『人生の報酬』なのだ」というように考えられる人がいるわけです。

この二種類があると思う。

数的《かずてき》比率はどうか知りませんが、あとのほうが少なくなっていくかもしれません。

## ヒルティが与野党《よやとう》の両方から尊敬された理由

ヒルティ　私は、晩年、周りに推《お》されて政治家にもなりましたけれども、「与《よ》党《とう》からも野党からも、両方から尊敬してもらえた」ということは、やはり、うれしかったですね。

今、日本の国会では、野次《やじ》の応酬で大変ですし、ほかのところでも、そうかもしれませんけれども、私が発言するときには、与党も野党もみんな静まり返って、その話をじっと聴《き》いてくださった。

「思想家としてのヒルティ」というものに対して、一定の敬意を持ってくださったのかもしれませんけれども、私は、その〝仕事の報酬〟として、政治的なイデオロギーの対立を超《こ》え、多くの人の尊敬を得られました。それは、とてもうれしかったですね。

私は、自由主義的で民主主義的な政治思想のほうが好きなタイプの人間ですけれども、もちろん、その反対の考え方をする人もいます。

それは統制的で社会主義的な考え方ですね。「民主主義的であるよりは、有能な人たちが仕切ればよい」という考え方も、一方では有力であったと思いますし、「自由にやらせれば、失敗が多くなって不幸が増える」とか、「貧困層《ひんこん》が増える」とかいう考えも多かったと思います。

私は、基本的には、自由主義的で民主主義的な考え方を持っていたのですが、それに合わない思想を持っている人は、時代的には、けっこう多かったと思うし、私の思想は、当時としては、まだ、やや進歩的な思想のほうに当たっていたと思うんです。

でも、それに反対すべき立場の野党の方々であっても、私の意見は敬重《けいちょう》して聴いてくださったので、これは、やはり、「仕事の報酬」だったのかなと思います。

「(ヒルティは)さまざまな本を書いてきた。それも、作家に専念して書いたんじゃなくて、きちんとした公務をこなしながら書いていた。自分たちは、そういうことをすることはできなかったのに、公務をこなしながら、そういう仕事をやってきた」ということに対して、一定の評価があったと思うんですよね。

## 幸福の科学総裁の晩年は「大いなる称賛《しょうさん》に包まれる」

ヒルティ　私は、よくは知らないけど、ここ（幸福の科学）の総裁も、霊的《れいてき》な啓示《けいじ》を受けてからも、まだ、社会的なお仕事も一緒《いっしょ》にされていて、準備の期間、雌伏《しふく》されていたように聞いていますけれども、その間《かん》、「宗教家として自分が人に道を説くには、経験と勉強が足りない」ということを自覚されていて、努力されていたのだろうと思います。

この世的な仕事をしながら、そうした準備をされていたところが、余徳《よとく》となって表れているような気が私にはしますよ。

「この世的な仕事をしながら、宗教的なことを勉強していた」ということが、余徳になっていると同時に、宗教家になってからは、活動するに当たって、「この世的な仕事のなかでも、きちんと世の中に貢献《こうけん》できるような仕事ができる」ということを、実績として実証してこられたことが、逆にまた宗教家としての余徳になっているような感じがします。

天上界《てんじょうかい》から見ているかぎり、日本では、宗教家に対する尊敬は、全般《ぜんぱん》的に、とても低いと思う。伝統的な宗教に関して見ても、僧侶《そうりょ》は、せいぜい学校の先生ぐらいの尊敬しか集めていないのではないでしょうか。

学校といっても、中学校か高校の先生ぐらいへの尊敬と、お寺の僧侶への尊敬とが、現代では、だいたい同じぐらいかな。昔の僧侶は、もう少し偉《えら》かったのかもしれませんけどね。

だけども、ここの総裁の場合、「今、現代のことについて、いろいろな意見を述べられる宗教家」という意味では、かつて「努力された部分」が、きちんと実を結んできているところはあるのではないでしょうか。

法律であろうが、政治であろうが、経済であろうが、経営であろうが、いろいろなことを、一生懸命《いっしょうけんめい》勉強し、実践なされてきたことが、組織運営のなかに活《い》き、宗教のなかにも脈々《みゃくみゃく》と流れていて、「現代人への指針」となるものになってきているんじゃないでしょうかね。

同じような仕事をする人は、ほかにもたくさんいるのだけれども、普通《ふつう》は、そこから「智慧《ちえ》の泉」を汲《く》み取ることができないんですよね。そのなかでエネルギーを完全に消費してしまい、終わりになるのですけど、そこから「智慧の泉」を汲み取っているところが、現代人にとって非常に「有効な指針」になっているような感じがします。

その意味で、宗教としての〝違い〟は、すごくはっきり出ているように思いますし、これは、時間がたてばたつほど、たぶん、もっとはっきりしたものになるでしょう。

今は、まだ、完全には信用されていないかもしれないし、完全には、みんなが納得《なっとく》していないかもしれないし、完全に称賛《しょうさん》している人ばかりではないとは思いますけれども、おそらく、大いなる称賛に包まれる晩年がやってくると私は、思いますよ。きっとそうだと思います。

B――　ありがとうございました。信仰《しんこう》を基盤《きばん》とした真なる幸福論の体現者となれますよう、本当に心を込《こ》めて、聖務《せいむ》に取り組ませていただきます。

質問者を替《か》わらせていただきます。

## 8 「この世とあの世を貫《つらぬ》く幸福」の指針

### 時間は「神様からの最大の賜《たまわ》りもの」

C――　本日は、このような尊い機会を頂き、ありがとうございます。

私は人事局のCと申します（収録当時）。私は、カール・ヒルティ先生のことを、たいへん尊敬しております。

先ほど大川総裁からお話がありましたように、ヒルティ先生は、二十代の大川総裁に大きな思想的影響《えいきょう》をお与《あた》えになりました。

そのカール・ヒルティ先生ご自身も、この世の社会において、実務家として仕事をしておられながら、また、後年、晩年におきましては、大きな思想を説かれ、それが、今、スイスを超《こ》えて、日本など世界中に広がっております。

現代において、カール・ヒルティ先生のようなお仕事をされている方は、大川隆法総裁でいらっしゃると思うのです。

大川隆法総裁の教えを学ぶ弟子《でし》として、私たちは、信仰《しんこう》というものを中心とした上で、仕事、家庭、富、健康など、この世での幸福と、霊的《れいてき》な幸福、霊的な成長とを両立させなくてはいけないと思います。

先ほどヒルティ先生がおっしゃいました、「神のそば近くにあること」という天使の幸福、「この世とあの世を貫《つらぬ》く幸福」を実現していくに当たり、具体的指針となる言葉を賜《たまわ》れれば幸いです。

よろしくお願いいたします。

ヒルティ　私は七十七歳《さい》ぐらいで死んだかと思うので、まあ、数十年の人生でございます。

みなさん、わずか数十年であっても、考え方と毎日の過ごし方で、ずいぶん違《ちが》ってくるものなんですよね。

スイスには、過去、多くの人が生まれ、生き、死んでいったし、また、若いころには、優秀《ゆうしゅう》な方を、私はたくさん見てきました。私ぐらいの方は、ほかにもたくさんいたのではないかと思います。大学時代や若い社会訓練の時代等を見ると、優秀な方は、ほかにもたくさんいたと思うんですよ。

ただ、七十七年の人生を終わってみると、私への社会的評価は、ある程度、定まってはいたのかなと思います。

これは、ほとんど「勤勉な習慣の確立」の賜物《たまもの》なんですよ。

それは、「『時間というものは、結局、神様からの最大の賜りものだ』ということを自覚しているかどうか」ということだと思うんですね。

「自分の時間だ」と思っているからこそ、時間の〝無駄遣《むだづか》い〟をするんです。「神様からの授《さず》かりものだ」と思ったら、「今日一日において、何かを一歩前進させなければ、一日を終われない」という気持ちにかられるんじゃないかと思うんですね。

明日《あす》、命があると思うな。

これは、「明日《あした》もあるとは限らないですよ。だから、その日その日に積み重ねていくことが大事で、その積み重ねが、同じく平凡《へいぼん》に出発した人たちの人生に差をつけていくものだ」と思うんですね。

## 「義務」から逃《のが》れる意味で「自由」を求めるべきではない

ヒルティ　もう一つ、私がみなさんに言っておかねばならんことは、「人間としての義務や責任というものを強く感じられる人は、立派な人なのだ」ということです。これを、どうか知っていただきたいのです。

本能的には、できるだけ義務や責任から逃《のが》れたいものなんですね。先ほど言った自由というものでも、「責任」や「義務」から逃れる意味での「自由」を求める人は大勢いるのです。

もちろん、国家や社会の圧迫《あっぱく》や圧力からの自由など、そういうものはあるかと思うのですが、そうではなく、「自分からの自由」というか、「自分が本来持つべき責任や義務からの自由」のようなものを求めると、これは、結局、「放《ほう》恣《し》」、「放縦《ほうじゅう》」、「堕落《だらく》」につながっていくものだと思います。

だから、ここの考えは大事ですね。

## 毎日、一日の時間を「建設的な方向」に積み立てていく

ヒルティ　各人の一日の時間は、どのように使うことも許されているのですけれども、「その許された時間を、いったい、どのようにして、毎日、『建設的な方向』に積み立てていくか」ということが大きいのではないかと思うのです。
私は、先ほど、「体系的な書物を書くほどの時間はなかった」ということを申し上げました。それはそうなのですけれども、そこまでは行かなくてもいい

と思うんですね。「毎日毎日、煉瓦《れんが》を一個積んでいく」ということを考えることが、結局、大きな仕事を成し遂《と》げていくのではないかと思うんですよ。

私のみならず、ほかの方々も、その多くは平凡な方々だと思います。

「あるとき、神の偉大《いだい》なるインスピレーションが下りてきて、ものすごい着想を得、それが世界的な大事業になる」という人もいるかもしれませんけれども、そういうことを願うより、「『毎日毎日、煉瓦を一個ずつ積んでいく』という堅実《けんじつ》な仕事を、一定の年数続けていくと、それが、あるとき、大きな仕事に変じていくことがあるのだ」ということを信じたほうがいいと思います。

私は、「成功の本質は勤勉にある」と思うし、「勤勉は習慣からできるものだ」と思います。だから、やはり、「努力して自分をしつけなければいけない」と思いますね。

この「仕事の仕方を身につけるかどうか」というのは、とってもとっても大事なことです。

結局、「勤勉に働く習慣」を身につけた人というのは、仕事が楽《たの》しくなってくるんですよ。

なぜか、どんどん仕事がはかどっていく。仕事がはかどっていくことは、より高度な仕事ができるようになってくることだし、周りを楽《らく》にしてあげられるようになることでもあるわけですね。

## 「人間としての義務」を怠《おこた》ってはならない

ヒルティ　それから、「『人間としての義務』を怠《おこた》ってはならない」ということですね。「自分が人間として生きていく上で、多くの人たちの援助《えんじょ》、助けを受けて、現在がある」ということを忘れてはならないのです。

どうしても果たせない義務はありますけれども、やはり、「人間としての義務を果たそう」と考えなくてはなりません。特に、社会人であればこそ、「社会人として、生きていくための義務を果たそう」という気持ちを強く持つことが大事だと思いますね。

私は、弁護士を始めたあと、陸軍の法務官や裁判長等をやって、軍の法務関係の仕事もしておりました。日本では、今、軍隊が悪く言われる傾向《けいこう》があると思うのですけれども、軍隊は「義務と責任の塊《かたまり》」ですよ。

軍隊は、いざというときには、国民を護《まも》るために自分の命を犠牲《ぎせい》にする人たちの集まりなんですよ。だから、そういう意味での強い責任感と義務感を持っていなければ、務まる仕事ではないのです。

もちろん、戦争がなければ、それに越《こ》したことはございませんけれども、自分たちだけの考えでできるものではなく、相手がありますからね。野心を持ったところが攻《せ》めてきたら、そうは言っても、こちらの自由にはなりませんよ。

自分の親きょうだいや子供たち、妻、友人たちが、ただただ殺されていくのを、「はい、そうですか」と見ているわけにはいかないのであって、それが不正な侵害《しんがい》や攻撃《こうげき》であるならば、勇敢《ゆうかん》に戦ってそれを防ぐということは、やはり、人間として大事な義務だと思うのです。

私は、軍人における正義や勇気もあると思うし、不正なもの、悪なるものと戦うことも大事なことだと思うんですね。

そういうことを、今の日本人は少し見失っている感じがあります。武士道の国であったにもかかわらず、見失っているけれども、「自分たちの同胞《どうほう》を護る」というのは非常に大事なことですよ。

## 「不正を許さない」という強い義務感と責任感を

ヒルティ　やはり、不正を許してはならないし、一方的に他《た》を虐《しいた》げるような考え方も許してはならないので、それに対しては、強い義務感と責任感を持たなければいけない。それが軍隊の持っている意味だと思うんですね。

私は軍隊にも関係していましたけれども、「敬虔《けいけん》なクリスチャンは軍隊と両立する」ということも、一つ、知っておかなくてはいけないと思うのです。軍人は最後には自分の命を投げ出すわけなので、「それにはキリスト教精神と非常に関係するものもあるのだ」ということですね。

「大切なもののために命を投げ出す」ということは尊い行為《こうい》なんですよ。だから、「本物の軍人には、宗教家と変わらないところがあるのだ」ということを、知っておいていただきたいと思います。

このへんで、日本人の今の考え方には少し間違いがあるように私は思うので、「それは違うよ」と言っておきたいと思います。

「友のために命を失う」というのは尊いことですよ。そう思わなければいけないと思いますね。

C――　ありがとうございます。

## 9 「ヒルティの過去の転生《てんしょう》」を探《さぐ》る

「ヨーロッパの光でありたい」と思って生まれたヒルティ

A――　ヒルティ先生のお話を伺《うかが》っていますと、本当に博学《はくがく》で、日本のこともよくご存じでいらっしゃると思います。

ヒルティ先生は、天上界《てんじょうかい》に還《かえ》られてから、過去の転生《てんしょう》を振《ふ》り返って、どのように感じておられますでしょうか。また、なぜ、今回、スイスに出られたのでしょうか。そのへんの秘密を教えていただければ、たいへんありがたいと思います。

ヒルティ　私は、時代的には、一八〇〇年代から一九〇〇年代の初めごろまで生き、第一次大戦が始まる前ぐらいに亡《な》くなっているので、そのころの時代精神を持っています。

ドイツに勉強には行きましたけど、生まれたのは、直接ドイツではない辺り、今は永世中立国になっているスイスですよね。だから、「ヨーロッパの光であろう」として出たのは事実でありますけどね。

ただ、私は、私よりも、やはり、本格的な宗教家のほうが、ずっと尊い仕事をなされていますので、自分としては、「宗教的な色彩《しきさい》を帯びた思想家の域は超《こ》えていない」と思っております。

作家よりは、やや宗教的な立場にあるかとは思うんですけど、「『ヨーロッパの光でありたい』と思って今世《こんぜ》は生まれた」ということですね。まあ、「どんなあたりになるのか」は分かりませんがねえ。これがどんな人生だったのか知りませんし、あなたがたが、どのようにご判断なされるか、知りませんけれども、「天使」と言われるものの一部には、加えていただいているようではありますね。

A――　ありがとうございました。

## ギリシャの哲人《てつじん》エピクテトスとの関係

A――　ヒルティ先生は、『幸福論』等のなかで、ギリシャ哲学《てつがく》のエピクテトス（注。五五年～一三五年。フリギア〔現在のトルコの一部〕に生まれ、ローマで奴隷《どれい》生活を送ったが、晩年はギリシャの地でストア哲学を説いた）によく言及《げんきゅう》されていますが、そのギリシャの哲人とのご関係は、何かございますでしょうか。

ヒルティ　まあ、それは、ないわけではないかもしれませんけれども、そういうのは、あまり好きじゃないので、私としては、どちらでもよろしいのです。

A――　かしこまりました。

ヒルティ　私は、有名な哲学者であるよりは、信仰《しんこう》のためにライオンに食べられて死ぬほうが好きですので（笑）。

## イエスの時代には生まれていたのか

C――　イエス様の時代には、お生まれになっていましたでしょうか。

ヒルティ　その質問は、ちょっと具合が悪いんですが……。ちょっと具合が悪い質問でした。

C――　失礼いたしました。

ヒルティ　うーん。まあ、生まれてはいますわねえ。生まれてはいます。うん。生まれていますよ。生まれていますけどねえ。うーん。うーん。
まあ、前世《ぜんせ》が「悲惨《ひさん》」だったので、今回は「幸福な人生」を送らせていただきました。ありがとうございました。そのように思っております。

A――　はい。ありがとうございました。

本日は、さまざまな観点から、私どもに幸福論をお説きいただきまして、心より感謝申し上げます。これを糧《かて》にして、幸福の科学大学設立に向け、準備を進めてまいります。

本当にありがとうございました。

大川隆法　はい。ありがとうございました。

# 10 「ヒルティの枠《わく》」のなかで語られた霊言《れいげん》

大川隆法　ヒルティは、もしかしたら、けっこう偉《えら》い方かもしれませんが、そう簡単には話しませんね。まあ、よろしいでしょう。勘《かん》の鋭《するど》い方は何か感じたかもしれませんが、必要なときに必要なことを明かされるのでしょう。

ヒルティの霊示《れいじ》による公案研修でもやっていれば、多少、日本人の意識が変わってくるのかもしれません。

今のところ、「ヨーロッパの光、灯台の光でありたかった」ということでしょう。

ただ、この方の思想は、意外と日本に流れてきているのです。

不思議と、ほかのところで〝消えて〟いき、日本に〝流れ込《こ》んで〟きているものがあって、ヒルティの思想もそうですし、社会学のマックス・ウェーバーの思想もそうです。ウェーバーの思想は、日本では影響《えいきょう》が非常に大きいのですが、ほかのところでは、けっこう消えてしまっています。

ドイツ語圏《けん》の思想のなかで、日本に〝流れ込んで〟きているものがかなりあるので、ありがたいことです。

明治以降の日本人はドイツ語圏の思想をかなり入れましたが、英語圏の思想だけだと、実は〝浅い〟のです。英語は、ほとんど実用性の世界に入ってしまっているので、思想的には少し浅いところがあるわけです。

明治以降、ドイツ語圏の思想が日本にそうとう入ってきましたが、ドイツ語圏の哲学《てつがく》者系の人たちは、みな、おそらくはギリシャ・ローマ系の哲学系統も経験しているでしょう。ほかのところでも出ているかもしれませんが、ヨーロッパの一つの高みであったと思うのです。

この方（ヒルティ）には何か違《ちが》った面が出てくる可能性があります。今回は、まだ「ヒルティの枠《わく》」のなかで語っていたように、私には感じられました。予想外の方かもしれません。

では、今日は、このへんにしておきましょう。

『ヒルティの語る幸福論』大川隆法著作関連書籍

『太陽の法』（幸福の科学出版刊）
『信仰のすすめ』（同右）
『ニーチェよ、神は本当に死んだのか？』（同右）

# ヒルティの語《かた》る幸福論《こうふくろん》

2014年 8 月22日　初版第 1 刷

著　者　　大《おお》 川《かわ》 隆《りゅう》 法《ほう》

発行所　　幸福の科学出版株式会社

〒107-0052 東京都港区赤坂 2 丁目 10 番 14 号
TEL(03)5573-7700
http://www.irhpress.co.jp/

印刷・製本　株式会社 サンニチ印刷

落丁・乱丁本はおとりかえいたします

ISBN978-4-86395-520-2 C0030
写真：アフロ

## 大川隆法シリーズ・**最新刊**

### 文部科学大臣・下村博文 守護霊インタビュー②

**大学設置・学校法人審議会の是非を問う**

「学問の自由」に基づく新大学の新設を、"密室政治"によって止めることは許されるのか? 文科大臣の守護霊に、あらためてその真意を問いただす。

1,400円

---

### 幸福学概論

個人の幸福から企業・組織の幸福、そして国家と世界の幸福まで、1600冊を超える著書で説かれた縦横無尽な「幸福論」のエッセンスがこの一冊に!

1,500円

---

### ザ・ヒーリングパワー

**病気はこうして治る**

ガン、心臓病、精神疾患、アトピー……。スピリチュアルな視点から「心と病気」のメカニズムを解明。この一冊があなたの病気に奇跡を起こす!

1,500円

※表示価格は本体価格(税別)です。

## 大川隆法ベストセラーズ・幸福な人生を拓く

# 幸福の法
### 人間を幸福にする四つの原理

真っ向から、幸福の科学入門を目指した基本法。愛・知・反省・発展の「幸福の原理」について、初心者にも分かりやすく説かれる。

1,800円

---

# 心を癒す ストレス・フリーの幸福論

人間関係、病気、お金、老後の不安……。ストレスを解消し、幸福な人生を生きるための「心のスキル」が語られた一書。

1,500円

---

# 幸福へのヒント
### 光り輝く家庭をつくるには

家庭の幸福にかかわる具体的なテーマについて、人生の指針を明快に示した、珠玉の質疑応答集。著者、自選、自薦、自信の一書。

1,500円

## 大川隆法ベストセラーズ・「幸福の科学大学」が目指すもの

# 新しき大学の理念

**「幸福の科学大学」がめざす
ニュー・フロンティア**

2015年、開学予定の「幸福の科学大学」。日本の大学教育に新風を吹き込む「新時代の教育理念」とは? 創立者・大川隆法が、そのビジョンを語る。

1,400円

# 「経営成功学」とは何か

**百戦百勝の新しい経営学**

経営者を育てない日本の経営学!? アメリカをダメにしたMBA――!? 幸福の科学大学の「経営成功学」に託された経営哲学のニュー・フロンティアとは。

1,500円

# 「人間幸福学」とは何か

**人類の幸福を探究する新学問**

「人間の幸福」という観点から、あらゆる学問を再検証し、再構築する――。数千年の未来に向けて開かれていく学問の源流がここにある。

1,500円

# 「未来産業学」とは何か

**未来文明の源流を創造する**

新しい産業への挑戦――「ありえない」を、「ありうる」に変える! 未来文明の源流となる分野を研究し、人類の進化とユートピア建設を目指す。

1,500円

※表示価格は本体価格(税別)です。

## 大川隆法 ベストセラーズ・「幸福の科学大学」が目指すもの

# 宗教学から観た「幸福の科学」学・入門

### 立宗 27 年目の未来型宗教を分析する

幸福の科学とは、どんな宗教なのか。教義や活動の特徴とは？ 他の宗教との違いとは？ 総裁自らが、宗教学の見地から「幸福の科学」を分析する。

1,500 円

---

# 仏教学から観た「幸福の科学」分析

### 東大名誉教授・中村元と仏教学者・渡辺照宏のパースペクティブ（視覚）から

仏教は「無霊魂説」ではない！ 仏教学の権威 中村元氏の死後 14 年目の衝撃の真実と、渡辺照宏氏の天上界からのメッセージを収録。

1,500 円

---

# 幸福の科学の基本教義とは何か

### 真理と信仰をめぐる幸福論

進化し続ける幸福の科学――本当の幸福とは何か。永遠の真理とは？ 信仰とは何なのか？ 総裁自らが説き明かす未来型宗教を知るためのヒント。

1,500 円

---

# 比較宗教学から観た「幸福の科学」学・入門

### 性のタブーと結婚・出家制度

同性婚、代理出産、クローンなど、人類の新しい課題への答えとは？ 未来志向の「正しさ」を求めて、比較宗教学の視点から、仏陀の真意を検証する。

1,500 円

幸福の科学出版

## 大川隆法 ベストセラーズ・「幸福の科学大学」が目指すもの

# 「未来創造学」入門

### 未来国家を構築する新しい法学・政治学

政治とは、創造性・可能性の芸術である。どのような政治が行われたら、国民が幸福になるのか。政治・法律・税制のあり方を問い直す。

1,500 円

---

# 経営の創造

### 新規事業を立ち上げるための要諦

才能の見極め方、新しい「事業の種」の探し方、圧倒的な差別化を図る方法など、深い人間学と実績に裏打ちされた「経営成功学」の具体論が語られる。

2,000 円

---

# 政治哲学の原点

### 「自由の創設」を目指して

政治は何のためにあるのか。真の「自由」、真の「平等」とは何か——。全体主義を防ぎ、国家を繁栄に導く「新たな政治哲学」が、ここに示される。

1,500 円

---

# 法哲学入門

### 法の根源にあるもの

ヘーゲルの偉大さ、カントの功罪、そしてマルクスの問題点——。ソクラテスからアーレントまでを検証し、法哲学のあるべき姿を探究する。

1,500 円

---

※表示価格は本体価格（税別）です。

**Noblesse《ノーブレス》 Oblige《オブリージ》**

「高貴なる義務」を果たす、
「真のエリート」を目指せ。

# 幸福の科学学園
## 中学校・高等学校（那須本校）

Happy Science Academy Junior and Senior High School

私は、
教育が人間を創ると
信じている一人である。
若い人たちに、
夢とロマンと、精進、
勇気の大切さを伝えたい。
この国を、全世界を、
ユートピアに変えていく力を
出してもらいたいのだ。

（幸福の科学学園 創立記念碑より）

幸福の科学学園 創立者
**大川隆法**

幸福の科学学園（那須本校）は、幸福の科学の教育理念のもとにつくられた、男女共学、全寮制の中学校・高等学校です。自由闊達な校風のもと、「高度な知性」と「徳育」を融合させ、社会に貢献するリーダーの養成を目指しており、2014年4月には開校四周年を迎えました。

Noblesse《ノーブレス》 Oblige《オブリージ》

「高貴なる義務」を果たす、
「真のエリート」を目指せ。

2013年 春 開校

# 幸福の科学学園
# 関西中学校・高等学校

Happy Science Academy
Kansai Junior and Senior High School

私は日本に
真のエリート校を創り、
世界の模範としたい
という気概に満ちている。
『幸福の科学学園』は、
私の『希望』であり、
『宝』でもある。
世界を変えていく、
多才かつ多彩な人材が、
今後、数限りなく
輩出されていくことだろう。
（幸福の科学学園関西校　創立記念碑より）

幸福の科学学園　創立者
大川隆法

滋賀県大津市、美しい琵琶湖の西岸に建つ幸福の科学学園（関西校）は、男女共学、通学も入寮も可能な中学校・高等学校です。発展・繁栄を校風とし、宗教教育や企業家教育を通して、学力と企業家精神、徳力を備えた、未来の世界に責任を持つ「世界のリーダー」を輩出することを目指しています。

# 幸福の科学学園・教育の特色

## 「徳ある英才」の創造

教科「宗教」で真理を学び、行事や部活動、寮を含めた学校生活全体で実修して、ノーブレス・オブリージ(高貴なる義務)を果たす「徳ある英才」を育てていきます。

体育祭

## 天分を伸ばす「創造性教育」

教科「探究創造」で、偉人学習に力を入れると共に、日本文化や国際コミュニケーションなどの教養教育を施すことで、各自が自分の使命・理想像を発見できるよう導きます。さらに高大連携教育で、知識のみならず、知識の応用能力も磨き、企業家精神も養成します。芸術面にも力を入れます。

探究創造科発表会

## 一人ひとりの進度に合わせた「きめ細やかな進学指導」

熱意溢れる上質の授業をベースに、一人ひとりの強みと弱みを分析して対策を立てます。強みを伸ばす「特別講習」や、弱点を分かるところまでさかのぼって克服する「補講」や「個別指導」で、第一志望に合格する進学指導を実現します。

授業の様子

## 自立心と友情を育てる「寮制」

寮は、真なる自立を促し、信じ合える仲間をつくる場です。親元を離れ、団体生活を送ることで、縦・横の関係を学び、力強い自立心と友情、社会性を養います。

毎朝夕のお祈りの時間

# 幸福の科学学園の進学指導

## 1 英数先行型授業

受験に大切な英語と数学を特に重視。「わかる」（解法理解）まで教え、「できる」（解法応用）、「点がとれる」（スピード訓練）まで繰り返し演習しながら、高校三年間の内容を高校二年までにマスター。高校二年からの文理別科目も余裕で仕上げられる効率的学習設計です。

## 2 習熟度別授業

英語・数学は、中学一年から習熟度別クラス編成による授業を実施。生徒のレベルに応じてきめ細やかに指導します。各教科ごとに作成された学習計画と、合格までのロードマップに基づいて、大学受験に向けた学力強化を図ります。

## 3 基礎力強化の補講と個別指導

基礎レベルの強化が必要な生徒には、放課後や夕食後の時間に、英数中心の補講を実施。特に数学においては、授業の中で行われる確認テストで合格に満たない場合は、できるまで徹底した補講を行います。さらに、カフェテリアなどでの質疑対応の形で個別指導も行います。

## 4 特別講習

夏期・冬期の休業中には、中学一年から高校二年まで、特別講習を実施。中学生は国・数・英の三教科を中心に、高校一年からは五教科でそれぞれ実力別に分けた講座を開講し、実力養成を図ります。高校二年からは、春期講習会も実施し、大学受験に向けて、より強化します。

## 5 幸福の科学大学（仮称・設置認可申請中）への進学

二〇一五年四月開学予定の幸福の科学大学への進学を目指す生徒を対象に、推薦制度を設ける予定です。留学用英語や専門基礎の先取りなど、社会で役立つ学問の基礎を指導します。

授業の様子

**詳しい内容、パンフレット、募集要項のお申し込みは下記まで。**

**幸福の科学学園 関西中学校・高等学校**

〒520-0248
滋賀県大津市仰木の里東2-16-1
TEL.077-573-7774
FAX.077-573-7775
[公式サイト]
www.kansai.happy-science.ac.jp
[お問い合わせ]
info-kansai@happy-science.ac.jp

**幸福の科学学園 中学校・高等学校**

〒329-3434
栃木県那須郡那須町梁瀬 487-1
TEL.0287-75-7777
FAX.0287-75-7779
[公式サイト]
www.happy-science.ac.jp
[お問い合わせ]
info-js@happy-science.ac.jp

仏法真理塾

# サクセスNo.1

未来の菩薩を育て、仏国土ユートピアを目指す！

## 仏法真理塾「サクセスNo.1」とは

宗教法人幸福の科学による信仰教育の機関です。信仰教育・徳育にウエイトを置きつつ、将来、社会人として活躍するための学力養成にも力を注いでいます。

サクセスNo.1 東京本校（戸越精舎内）

「サクセスNo.1」のねらいには、「仏法真理と子どもの教育面での成長とを一体化させる」ということが根本にあるのです。

大川隆法総裁　御法話「『サクセスNo.1』の精神」より

# 仏法真理塾「サクセスNo.1」の教育について

## 信仰教育が育む健全な心

御法話拝聴や祈願、経典の学習会などを通して、仏の子としての「正しい心」を学びます。

## 学業修行で学力を伸ばす

忍耐力や集中力、克己心を磨き、努力によって道を拓く喜びを体得します。

## 法友との交流で友情を築く

塾生同士の交流も活発です。お互いに信仰の価値観を共有するなかで、深い友情が育まれます。

●サクセスNo.1は全国に、本校・拠点・支部校を展開しています。

| | | |
|---|---|---|
| 東京本校 | TEL.03-5750-0747 | FAX.03-5750-0737 |
| 名古屋本校 | TEL.052-930-6389 | FAX.052-930-6390 |
| 大阪本校 | TEL.06-6271-7787 | FAX.06-6271-7831 |
| 京滋本校 | TEL.075-694-1777 | FAX.075-661-8864 |
| 神戸本校 | TEL.078-381-6227 | FAX.078-381-6228 |
| 西東京本校 | TEL.042-643-0722 | FAX.042-643-0723 |
| 札幌本校 | TEL.011-768-7734 | FAX.011-768-7738 |
| 福岡本校 | TEL.092-732-7200 | FAX.092-732-7110 |
| 宇都宮本校 | TEL.028-611-4780 | FAX.028-611-4781 |
| 高松本校 | TEL.087-811-2775 | FAX.087-821-9177 |
| 沖縄本校 | TEL.098-917-0472 | FAX.098-917-0473 |
| 広島拠点 | TEL.090-4913-7771 | FAX.082-533-7733 |
| 岡山本校 | TEL.086-207-2070 | FAX.086-207-2033 |
| 北陸拠点 | TEL.080-3460-3754 | FAX.076-464-1341 |
| 大宮拠点 | TEL.048-778-9047 | FAX.048-778-9047 |

全国支部校のお問い合わせは、
サクセスNo.1 東京本校（TEL. 03-5750-0747）まで。

メール info@success.irh.jp

## エンゼルプランV

信仰教育をベースに、知育や創造活動も行っています。

信仰に基づいて、幼児の心を豊かに育む情操教育を行っています。また、知育や創造活動を通して、ひとりひとりの子どもの個性を大切に伸ばします。お母さんたちの心の交流の場ともなっています。

TEL 03-5750-0757　FAX 03-5750-0767
メール angel-plan-v@kofuku-no-kagaku.or.jp

## ネバー・マインド

不登校の子どもたちを支援するスクール。

「ネバー・マインド」とは、幸福の科学グループの不登校児支援スクールです。「信仰教育」と「学業支援」「体力増強」を柱に、合宿をはじめとするさまざまなプログラムで、再登校へのチャレンジと、進路先の受験対策指導、生活リズムの改善、心の通う仲間づくりを応援します。

TEL 03-5750-1741　FAX 03-5750-0734
メール nevermind@happy-science.org

## ユー・アー・エンゼル！（あなたは天使！）運動

障害児の不安や悩みに取り組み、ご両親を励まし、勇気づける、障害児支援のボランティア運動です。学生や経験豊富なボランティアを中心に、全国各地で、障害児向けの信仰教育を行っています。保護者向けには、交流会や、医療者・特別支援教育者による勉強会、メール相談を行っています。

TEL 03-5750-1741　FAX 03-5750-0734
メール you-are-angel@happy-science.org

## シニア・プラン21

生涯反省で人生を再生・新生し、希望に満ちた生涯現役人生を生きる仏法真理道場です。週1回、開催される研修には、年齢を問わず、多くの方が参加しています。現在、全国8カ所（東京、名古屋、大阪、福岡、新潟、仙台、札幌、千葉）で開校中です。

東京校 TEL 03-6384-0778　FAX 03-6384-0779
メール senior-plan@kofuku-no-kagaku.or.jp

# 入会のご案内

## あなたも、幸福の科学に集い、ほんとうの幸福を見つけてみませんか？

幸福の科学では、大川隆法総裁が説く仏法真理をもとに、「どうすれば幸福になれるのか、また、他の人を幸福にできるのか」を学び、実践しています。

### 入会

大川隆法総裁の教えを信じ、学ぼうとする方なら、どなたでも入会できます。入会された方には、『入会版「正心法語」』が授与されます。（入会の奉納は1,000円目安です）

**ネット**でも**入会**できます。詳しくは、下記URLへ。
**happy-science.jp/joinus**

### 三帰《さんき》誓願《せいがん》

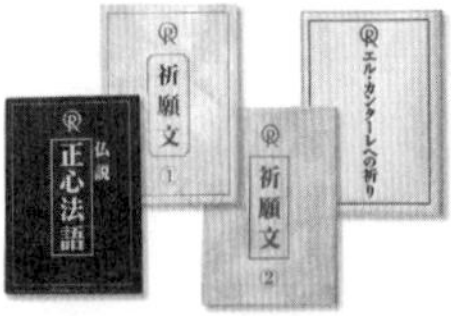

仏弟子としてさらに信仰を深めたい方は、仏・法・僧の三宝への帰依を誓う「三帰誓願式」を受けることができます。三帰誓願者には、『仏説・正心法語』『祈願文①』『祈願文②』『エル・カンターレへの祈り』が授与されます。

### 植福《しょくふく》の会

植福は、ユートピア建設のために、自分の富を差し出す尊い布施の行為です。布施の機会として、毎月1口1,000円からお申込みいただける、「植福の会」がございます。

「植福の会」に参加された方のうちご希望の方には、幸福の科学の小冊子（毎月1回）をお送りいたします。詳しくは、下記の電話番号までお問い合わせください。

月刊「幸福の科学」

ザ・伝道

ヤング・ブッダ

ヘルメス・エンゼルズ

INFORMATION

**幸福の科学サービスセンター**
TEL. **03-5793-1727**（受付時間 火～金：10～20時／土・日：10～18時）
宗教法人 幸福の科学 公式サイト **happy-science.jp**